ACTES SUD JUNIOR
est dirigé par Madeleine Thoby

COMPTINES
DE LA MER
ET DU VENT

Du même auteur

101 Poésies et Comptines
ÉDITIONS BAYARD

Comptines à croquer
Comptines pour le temps de Noël
Comptines pour jouer à avoir peur
Comptines à mimer
Comptines pour mes jouets préférés
Comptines pour mon nounours
ÉDITIONS ACTES SUD JUNIOR

en CD et cassette
Contemimes
101 Poésies et Comptines
AUVIDIS

De la même illustratrice

Le Chimpanzé
Une abeille sans pareille
Bravo renardeau
Kangourou petit fou
ÉDITIONS NATHAN

Blanche-Souris
ÉDITIONS GRASSET JEUNESSE

Mes contes préférés
ÉDITIONS LITO

Traces et empreintes
ÉDITIONS MILAN

Ali Baba et les 40 voleurs
Les Trois Petits Cochons
Le Petit Poucet
Pinocchio
ORCH PRINT

ISBN 2-7427-0938-X

Loi 49-956 du 16 juillet 1949
sur les publications destinées à la jeunesse

Les Petits Bonheurs

CORINNE ALBAUT

COMPTINES DE LA MER ET DU VENT

Illustrées par
CATHERINE FICHAUX

ACTES SUD JUNIOR

Pour Charles et Maxence

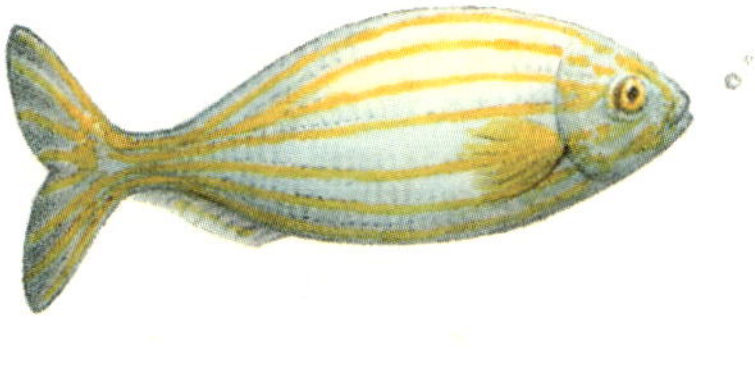

L'horizon

Que voit-on à bâbord ?
On ne voit que l'océan.
Que voit-on à tribord ?
Les vagues et leurs moutons blancs.
Que voit-on à l'avant ?
L'horizon, très loin devant.
Que voit-on à l'arrière ?
Rien que la mer, la mer, la mer.

Le phare

Une lumière au loin
Balaie l'océan,
S'en va puis revient,
Régulièrement.
Debout comme un i
Planté dans la nuit,
C'est le phare des cormorans.

La danse du vent

Le vent est toujours en mouvement,
Il danse avec les éléments.

Il va dans les régions polaires
Faire tourbillonner les flocons.

Lorsqu'il souffle sur les déserts,
Il fait valser le sable blond.

Quand il se trouve dans un orage,
Il virevolte avec les nuages.

Dans les plaines, il tourne sans fin
Avec les ailes des moulins.

Quand il rugit sur l'océan,
C'est la java de l'ouragan !

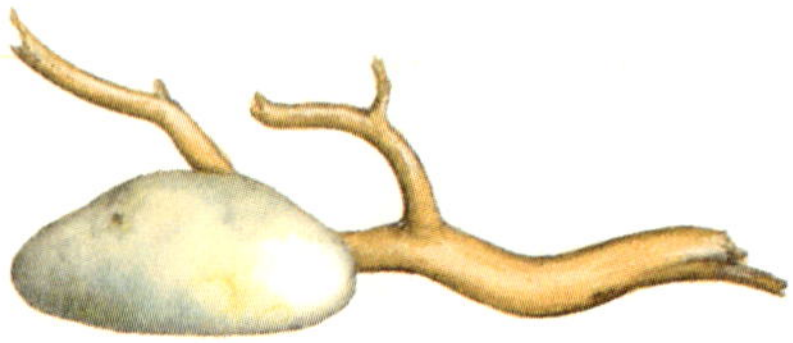

La houle

La houle se défoule,
Les rouleaux roulent
Et les vagues déboulent.
Elles s'enroulent et se déroulent
Dans un fracas de jeu de boules
Qu'on blackboule et qui s'écroulent.

Au fait, qu'en disent les moules ?
Ça les rend maboules !

La mouette et le goéland

Le goéland s'est posé
Sur le mât de la goélette.
Où donc s'est posée la mouette ?
Sur le mât du catamaran !

Les parfums du vent

Le vent qui court sur la colline
Sent la framboise et l'églantine.

Le vent qui vient de la forêt
Est parfumé comme un bouquet.

Le vent qui caresse les blés
A des senteurs de fin d'été.

Le vent qui souffle vers la plage
Apporte les odeurs du large.

Les marées

Depuis la nuit des temps,
Les mers, les océans
Se balancent
En cadence
Entre les continents.
La marée monte
Puis elle descend,
Elle semble hésiter
Pour choisir un côté
Où s'installer.

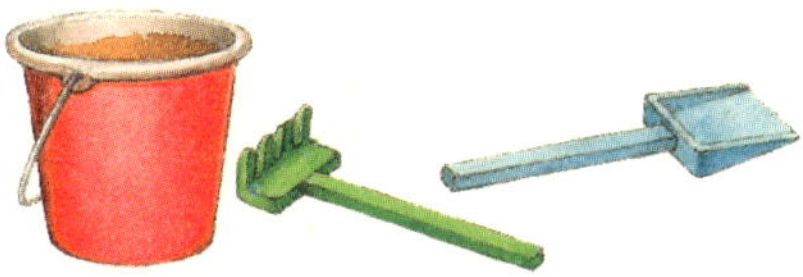

La corne de brume

J'entends la corne de brume
D'un bateau lointain,
Derrière un rideau d'écume,
De vagues et d'embruns.

Est-ce un voilier ?
Est-ce un cargo ?
Un chalutier ?
Un paquebot ?

Dans le brouillard, on ne voit rien.

Le mistral

Le sirocco
C'est plutôt chaud,
Et la bora
C'est plutôt froid,
Quant au mistral
Il est glacial,
Mais il balaie le littoral
Et dégage le ciel provençal !

La couleur de la mer

On la peint en bleu, en vert,
Parfois en rouge ou en noir.
De quelle couleur est la mer ?
Si vous voulez le savoir,
Mettez de l'eau dans un verre
Et regardez au travers :
Pas d'erreur,
La mer n'a pas de couleur !

Le goût de la mer

Puisqu'il y a du sel
Dans l'eau de mer
On pourrait ajouter du thym,
Du poivre en grains,
Des vermicelles,
Des pommes de terre.
Un volcan sous-marin
Ferait cuire le tout,
Les ailerons de requin,
Les harengs, les mérous.
On dînerait sur les plages
Avec des cuillères en coquillage.

Toutes voiles dehors

Voici le vent
Hisse la grand-voile,
Le perroquet
Et le petit cacatois.

Voici le vent
Déploie toute la toile,
Le grand hunier,
La misaine et le génois,
Et le foc, et le spi,
Hop ! c'est parti.

La mer en colère

Qu'est-ce qui met la mer
En colère ?
Ce ne sont pas les poissons
Dans le fond,
Ce ne sont pas les bateaux
Sur les flots,
Alors c'est sûrement
Le grand vent
Qui, dans un accès de rage,
Hurle au large.

La perle

Quand l'huître bâilla
On vit alors
Briller tout l'éclat
De son trésor,
Une perle nacrée !
Moralité :
Quand les huîtres perlières
Bâillent à tort et à travers
Leurs plus beaux secrets
Finissent en collier !

Au gré des vents

– Quel bon vent
Vous amène ?
Dit une chaloupe
À un sloop.
– Je me promène
Au gré du vent,
La tramontane ou l'autan,
Le sirocco, le ponant,
Et parfois même
Les quarantièmes
Rugissants.

Pour faire un nœud

Pour faire le nœud de chaise
Je me sens très à l'aise.

Quant à la demi-clef
Ce n'est pas compliqué.

Pour faire le nœud en huit
C'est simple et ça va vite.

Et pour le nœud d'écoute,
Là, je n'ai aucun doute.

Mais pour le cabestan,
Il faut beaucoup de temps.

Tangage et roulis

De la poupe à la proue,
C'est le tangage.
Oh ! là là ! ça chamboule tout,
Quel remue-ménage !

De bâbord à tribord,
C'est le roulis.
Aïe, aïe, aïe, pagaille à bord,
Quel charivari !

Sous la mer

Au fond de l'océan
Vit un peuple étonnant.
L'hippocampe oscillant
Comme un cheval à bascule,
Les algues en mouvement,
L'étoile qui gesticule,
L'anémone ondoyant
Et le crabe qui recule,
L'oursin et ses piquants,
La pieuvre et ses tentacules,
Les poissons qui pullulent,
Tournicotent et font des bulles.

Les secrets de la mer

J'ai trouvé des coquillages
Échoués sur une plage.
Ils m'ont parlé à l'oreille,
Mais ils disent tous pareil,
Bruit des vagues, bruit du vent,
C'est lassant !

J'aurais voulu qu'ils me chantent
Les histoires effrayantes
Des épaves englouties,
Et dans leurs coques endormies,
Des coffrets de pièces d'or,
Des trésors !

Les sirènes

Sur la route des Marquises
J'ai croisé une baleine grise.

Faisant voile vers Bornéo
J'ai trouvé un cachalot.

Au large de Santorin
J'ai aperçu des dauphins.

Je n'ai pas vu de sirène,
Est-ce que je n'ai pas de veine ?

J'ai cherché un peu partout
N'y en a-t-il plus du tout ?

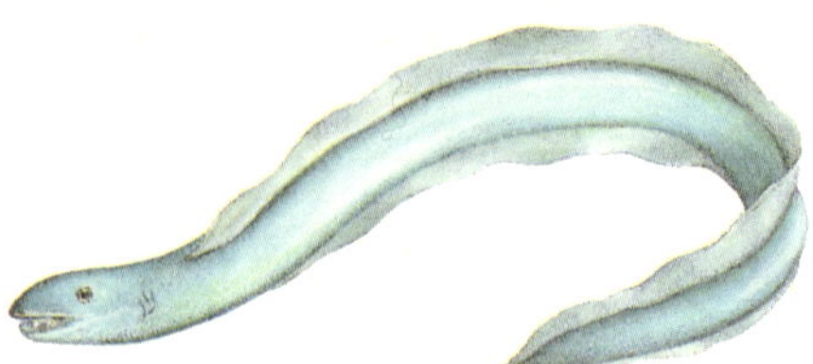

Des bateaux à la mer

Certains mettent
Les bateaux en bouteille.

D'autres jettent
Les bouteilles à la mer.

Mais la plupart du temps
On met les bateaux à la mer,
Directement.

Pirates et corsaires

Autrefois sur les mers
Pirates et corsaires
Se déclaraient la guerre.

On entendait au large
Crier "À l'abordage !
Brisez les bastingages !"

Les pauvres matelots
Étaient jetés à l'eau,
On pillait les bateaux.

Parfois, la mer,
C'était l'enfer.

L'Atlantide

Caché sous l'océan
Sommeille un continent,
Mais on ne sait plus où
Ni pourquoi, ni comment.
On l'a cherché partout,
Il y a bien longtemps.
Puis on l'a oublié,
Et tout ce que l'on sait,
C'est qu'il dort tout au fond
D'un océan profond.

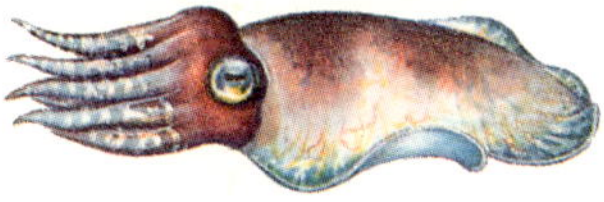

Rouge comme un homard ?

C'est bizarre !
Dit le homard,
C'est trop bête !
Dit la crevette,
C'est cocasse !
Disent les gambas,
Incroyable !
Dit le crabe,
Dès qu'on passe à la casserole,
On attrape la rougeole !

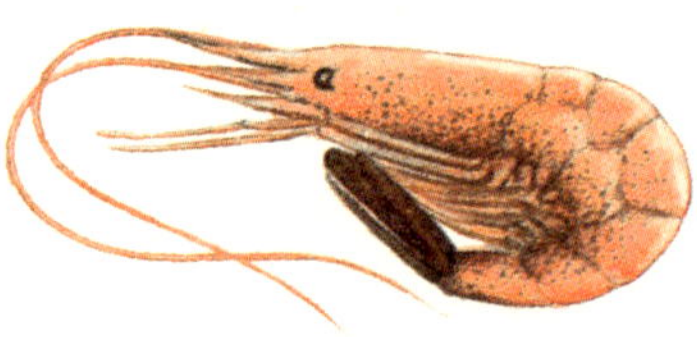

Cinq petits voiliers

Dans la régate des alizés
Il y avait cinq petits voiliers.
La voile bleue s'est déchirée.

Dans la régate des alizés
Il y avait quatre petits voiliers.
Le mât blanc s'est cassé.

Dans la régate des alizés
Il y avait trois petits voiliers.
La coque jaune s'est fendillée.

Dans la régate des alizés
Il y avait deux petits voiliers.
L'ancre noire s'est entortillée.

Dans la régate des alizés
Ne reste qu'un petit voilier :
C'est lui, le rouge, qui a gagné.

Le port

Quand le port
S'endort,
Les bateaux de la nuit
Chuchotent et font des bruits.
Les drisses crissent,
Les coques se choquent,
Et l'on entend
Dans les haubans
Des soupirs qui racontent,
Un peu comme dans les contes,
Des histoires de voyages,
De tempêtes et d'orages
Sur les grands océans.

Cache-cache images

Voici une liste de mots savants, qui sont tous employés dans ces comptines. À toi de retrouver la ou les comptines où ils sont cachés. Ensuite, amuse-toi à les classer dans l'une des trois catégories suivantes :

1. Vole au vent
2. Sous la mer
3. Bateau sur l'eau.

Avec ces mots (et d'autres que tu pourras chercher tout seul), tu peux aussi jouer à "Pigeon vole" avec tes amis. Pour les mots concernant le vent, il faut lever le bras, pour ceux de la mer, il faut l'abaisser, et pour ceux des bateaux, il faut poser la main à plat sur la table.

rouleau
mérou
tramontane
autan
bastingage
alizé
ouragan
épave
goélette
embruns
hippocampe
huître
écume
bouteille
tempête
continent
sirocco
cormoran
catamaran
cabestan
sloop
drisse
cacatois
poupe
bâbord

Table des comptines

Conception graphique,
direction artistique et réalisation :
Studio de création
de Repères Communication

Reproduit et achevé d'imprimer
en février 2000
par l'imprimerie Clerc
à Saint-Amand-Montrond
sur papier des
Papeteries Jeand'heurs
pour le compte des éditions
ACTES SUD
Le Méjan
Place Nina-Berberova
13200 Arles

Dépôt légal
1re édition : novembre 1996
N° imprimeur : 7227
(Imprimé en France)